KIMONO

PEPIN®

GIFT & CREATIVE PAPERS

VOLUME

97

English

Kimono Design

The Japanese kimono (translated as 'a thing to wear') has a rich history dating back to the seventh-century. This simple T-shaped garment originally derived from court robes worn by the Chinese nobility and evolved into what is still regarded as the traditional dress of Japan.

Over the years, the art of kimono textile design has provided a canvas to showcase images and motifs that express the traditions and ideals of Japanese culture. Patterns would indicate the age, gender, wealth and taste of the owner, as well as revealing their virtues and aspirations.

Nature was a valuable source of inspiration for kimono design, with flowers, plants and birds carrying symbolic meaning. The bamboo motif for example is considered a symbol of strength because it bends without breaking. The crane was thought to inhabit the land of the immortal, representing longevity and good fortune.

Many patterns allude to the change of season such as cherry blossom, chrysanthemums and maple leaves. As the first tree to blossom each year, the plum would often appear on winter kimono as a reminder that spring is soon on its way.

Landscape images of clouds, snow and mountains would make reference to popular myth and classical literature. Such scenes of streams and water motifs would often be worn in summer, encouraging a sense of coolness in hot weather.

Even the colour of a kimono would carry poetic and metaphorical overtones. Traditional dyes were extracted from plants with medicinal properties. These were believed to transfer to the fabric and imbue the wearer with protective powers. Blue for example was thought to ward off snakes and insects because it derived from indigo, a plant used to treat bites and stings. Red came from safflower and was considered symbolic of passion, transient love, as well as glamour and allure.

In celebration of the vibrancy of Japanese art and culture, this volume of gift wrap comprises designs that derive from patterns found on original kimono fabrics. Drawing on decorative skills and techniques that have evolved over many centuries, they offer an insight into a unique art form that still remains in circulation today.

Français

Dessin du kimono

Le kimono (qui signifie « chose que l'on porte » en japonais) possède une riche histoire qui remonte au 7ᵉ siècle. Ce vêtement simple en forme de T provient des robes portées par la noblesse chinoise de l'époque qui ont évolué pour devenir le vêtement traditionnel japonais que nous connaissons.

Au fil des ans, les tissus destinés aux kimonos se sont convertis en toiles dont les images et les motifs représentent les traditions et les idéaux de la culture japonaise. Les motifs indiqueraient l'âge, le sexe, la richesse et les goûts du propriétaire, tout en révélant ses vertus et ses aspirations.

Les motifs des kimonos sont largement inspirés de la nature : fleurs, plantes et oiseaux. Chacun s'accompagne d'une signification symbolique. Le bambou, par exemple, qui se plie sans se rompre, symbolise la force. La grue, quant à elle, habiterait le pays des immortels et représenterait la longévité et la chance.

De nombreux motifs, tels que les fleurs de cerisier, les chrysanthèmes et les feuilles d'érable, évoquent les changements de saison. Le prunier, premier arbre à fleurir tous les ans, décore souvent les kimonos d'hiver comme pour rappeler que le printemps ne va pas tarder à arriver.

Les paysages, présentant des nuages, de la neige ou des montagnes feraient référence à des croyances populaires et à la littérature classique. Les dessins comprenant des ruisseaux ou de l'eau orneraient souvent les vêtements d'été, encourageant un sentiment de fraîcheur.

Outre les motifs, les couleurs des kimonos porteraient des significations poétiques et métaphoriques. Sachant que les colorants traditionnels provenaient de plantes ayant souvent des propriétés médicinales, il était courant de penser que ces propriétés étaient transférées au tissu et protégeaient son porteur. Selon ces croyances, le bleu protégeait des serpents et des insectes car il dérivait de l'indigo, une plante utilisée pour traiter les morsures et les piqûres. Le rouge, qui venait du carthame, était considéré comme un symbole de passion, d'amour éphémère, de glamour et de charme.

Cet ouvrage comprend des papiers-cadeaux inspirés par des motifs de tissus de kimono qui célèbrent la force de la culture et de l'art japonais. Reposant sur des connaissances et des techniques traditionnelles vieilles de plusieurs siècles, ils offrent un aperçu d'une forme d'art unique qui reste d'actualité.

Italiano

Decorazioni su kimono

Il kimono (letteralmente: cosa da indossare) ha una lunga storia che risale al vii secolo. Questo semplice indumento a forma di T trae le sue origini dalle vesti di corte della nobiltà cinese e nel tempo si è evoluto in ciò che tuttora viene considerato l'abito tradizionale giapponese.

Negli anni, l'arte del disegno tessile ha trasformato il kimono in una tela per raffigurare i motivi e le immagini che esprimono le tradizioni e gli ideali della cultura giapponese. Le decorazioni del kimono indicavano non solo l'età, il sesso, la condizione sociale e il gusto di chi lo indossava, ma ne rivelavano anche le virtù e le aspirazioni.

La natura è sempre stata una preziosa fonte di ispirazione per i motivi decorativi dei kimono, in cui fiori, piante e uccelli assumono un significato simbolico. Il bambù, ad esempio, è considerato un simbolo di forza, perché si piega senza spezzarsi. La gru, che si riteneva vivesse nel mondo degli immortali, rappresenta la longevità e la buona sorte.

Vari motivi decorativi, come i fiori di ciliegio, i crisantemi e le foglie di acero, alludono al mutare delle stagioni. Il pruno, il primo albero a fiorire, appare spesso sui kimono invernali per ricordare che presto arriverà la primavera.

I paesaggi con nuvole, neve e montagne fanno riferimento alla mitologia popolare e alla letteratura classica. Queste scene di ruscelli e motivi acquatici venivano spesso adottate sui kimono estivi, per dare un senso di freschezza nelle giornate di caldo intenso.

Persino il colore di un kimono è ricco di allusioni poetiche e metaforiche. Le tinture tradizionali venivano ricavate da piante con proprietà medicinali: si credeva, infatti, che tali proprietà si trasmettessero al tessuto, infondendo le loro virtù protettrici alla persona che indossava l'abito. Al blu, ad esempio, si attribuiva il potere di tenere lontano serpenti e insetti, perché era estratto dall'indaco, una pianta usata per curare morsi e punture. Il rosso, estratto dal cartamo, veniva considerato un simbolo di passione e amore effimero, ma anche di fascino e seduzione.

Questo libro sulle carte regalo celebra la vitalità dell'arte e della cultura giapponesi presentando alcuni motivi ispirati alle decorazioni dei tessuti originali per kimono. Frutto di abilità e tecniche decorative evolutesi nel corso di svariati secoli, essi offrono uno scorcio su una forma artistica unica nel suo genere e praticata ancora oggi.

Nederlands

Japanse kimono's

De Japanse kimono (het woord betekent in het Japans 'iets om te dragen') heeft een rijke geschiedenis die teruggaat tot de 7de eeuw. Dit eenvoudige T-vormige kledingstuk is oorspronkelijk afgeleid van hofgewaden die door de Chinese adel werden gedragen en heeft zich ontwikkeld tot wat nog steeds als de traditionele kleding van Japan wordt gezien.

In de loop van de tijd is de kunst van het ontwerpen van kimonostoffen een manier geworden om afbeeldingen en motieven onder de aandacht te brengen die de tradities en idealen van de Japanse cultuur vertegenwoordigen. Patronen gaven de leeftijd, het geslacht, de rijkdom en de smaak van de dragers aan en onthulden hun deugden en ambities.

De natuur was een waardevolle bron van inspiratie voor kimono-ontwerpers en de bloemen, planten en vogels hadden een symbolische betekenis. Zo wordt het bamboemotief gezien als een symbool van kracht, omdat bamboe kan buigen zonder te breken. De kraanvogel woonde volgens de Japanse overlevering in het land van de onsterfelijken en stond daarom symbool voor een lang en gelukkig leven.

Veel patronen verwijzen naar de veranderende seizoenen, zoals de kersenbloesem, chrysanten en esdoornbladeren. De pruimenboom is elk jaar de eerste boom die bloeit, en daarom werden pruimen vaak afgebeeld op winterkimono's, als herinnering dat de lente snel weer terugkeert.

Afbeeldingen van landschappen met wolken, sneeuw en bergen verwezen naar populaire mythen en klassieke literatuur. Landschappen met riviertjes en watermotieven werden vaak gedragen in de zomer, omdat het water een gevoel van koelte opriep bij warm weer.

Zelfs de kleur van de kimono had een poëtische en metaforische betekenis. Traditionele verfstoffen werden gemaakt van planten met geneeskrachtige eigenschappen. Volgens de overlevering werden deze eigenschappen overgedragen op de stof en beschermden ze de drager. Zo zou blauw beschermen tegen slangen en insecten, omdat het is gemaakt van indigo, een plant die wordt gebruikt om slangen- en insectenbeten te behandelen. Rood werd gemaakt van de saffloer en werd gezien als het symbool van passie en vluchtige liefde, en van glamour en charme.

Dit boek met cadeaupapier is een eerbetoon aan de levendige Japanse kunst en cultuur. Het bevat ontwerpen die zijn afgeleid van patronen die op originele kimonostoffen zijn aangetroffen. Ze zijn geïnspireerd op de decoratieve vaardigheden en technieken die in de loop van vele eeuwen zijn ontwikkeld en ze geven een idee van een unieke kunstvorm die vandaag de dag nog steeds springlevend is.

Deutsch

Kimono-Motive

Der Kimono (deutsch: „Anzieh-Sache") hat eine lange Geschichte, die bis ins 7. Jahrhundert zurückgeht. Das einfache, T-förmige Kleidungsstück entwickelte sich aus der Kleidung des chinesischen Hofadels zum traditionellen japanischen Kimono, der in Japan auch heute noch als Nationalkleidung gilt.

Im Laufe der Zeit bereicherte man die Kunst der Kimonogestaltung um Darstellungen von Motiven und Bildern, die Traditionen und Ideale japanischer Kultur zum Ausdruck bringen. Bestimmte Muster sagten etwas über Alter, Geschlecht, Wohlstand und Geschmack des Trägers oder seine Tugenden, Wünsche und Ziele aus.

Die Natur – speziell Blumen, Pflanzen und Vögel mit ihren symbolischen Bedeutungen – lieferte viele Anregungen bei der Gestaltung von Kimonos. Bambus als Motiv symbolisiert etwa Stärke, da er sich biegt, ohne zu brechen. Der Kranich, von dem man annahm, er wohne im Land der Unsterblichen, stand für Langlebigkeit und Glück.

Viele Muster wie etwa die Kirschblüte, die Chrysantheme und Ahornblätter beziehen sich auf den Wechsel der Jahreszeiten. So erschien oft der Pflaumenbaum, der als erster zu blühen beginnt, auf Winterkimonos als Hinweis auf den baldigen Beginn des Frühlings.

Landschaftsmotive wie Wolken, Schnee und Berge spielten oft auf volkstümliche Mythen oder Klassiker der Literatur an. Bach- und Wassermotive trug man gern im Sommer, um trotz heißen Wetters einen Hauch von Kühle zu suggerieren.

Selbst die Farbe eines Kimonos konnte poetische oder metaphorische Bedeutungen transportieren. Traditionelle Farbstoffe wurden aus Pflanzen gewonnen, die Heilkräfte besaßen. Man glaubte, dass diese Kräfte in das Gewebe übergingen und Schutzkräfte auf den Träger übertrugen. So nahm man an, dass Blau vor Schlangen und Insekten schützte, weil es aus Indigo gewonnen wurde, einer Pflanze, mit der man auch Bisse und Stiche behandelte. Rot wurde aus Färberdisteln gewonnen und galt als Symbol von Leidenschaft, vergänglicher Liebe, betörendem Glanz und Verlockung.

Dieser Band mit Geschenkpapierbögen ist eine Hommage an die Lebendigkeit japanischer Kunst und Kultur und enthält Designs, die auf Mustern von realen Kimonostoffen basieren. Sie geben Einblick in eine Kunst, die heute noch praktiziert wird und dekorative Fertigkeiten und Techniken nutzt, die sich im Laufe vieler Jahrhunderte entwickelt haben.

Español

Quimonos

La historia del quimono (que podría traducirse como 'prenda de vestir') se remonta al siglo VII. Esta sencilla túnica en forma de T empezó siendo el atuendo cortesano de la nobleza china y terminó convirtiéndose en lo que aún se considera la prenda tradicional de Japón.

A lo largo de los siglos, el diseño de tejidos para quimonos ha servido de lienzo para plasmar imágenes y motivos que expresan las tradiciones y los ideales de la cultura japonesa. Los motivos eran un reflejo de la edad, el sexo, la situación económica y los gustos de quien lo llevaba, así como de sus virtudes y aspiraciones.

El diseño de quimonos encontró una valiosa fuente de inspiración en la naturaleza, con sus flores, plantas y aves cargadas de simbolismo. El bambú, por ejemplo, era símbolo de fortaleza por su capacidad de doblarse sin llegar a romperse, mientras que la creencia de que la grulla vivía en la tierra de la inmortalidad llevó a asociarla con la longevidad y la buena fortuna.

Muchos motivos guardan relación con los cambios de estación, como las flores de cerezo, los crisantemos y las hojas de arce. Al ser el primer árbol que florecía cada año, el ciruelo solía estar presente en los quimonos de invierno para anunciar la llegada de la primavera.

Las imágenes relacionadas con el paisaje, como las nubes, la nieve y las montañas, evocaban las leyendas populares y la literatura clásica. Las refrescantes escenas de arroyos y motivos acuáticos solían reservarse para el verano a fin de ofrecer una sensación de frescor que permitiera sobrellevar mejor el calor.

Incluso el color del quimono encerraba un simbolismo poético y metafórico. Los tintes tradicionales se extraían de plantas con propiedades medicinales, que según la creencia popular quedaban impregnadas en la tela y protegían al propietario del quimono. Se creía que el azul, por ejemplo, ahuyentaba a las serpientes y los insectos porque se obtenía del añil, un arbusto que se utilizaba para curar picaduras. El rojo se obtenía del alazor y se consideraba símbolo de la pasión y el amor fugaz, así como de la elegancia y el encanto.

En homenaje a la riqueza del arte y la cultura de Japón, los motivos de papel de regalo de este libro están inspirados en el diseño de los tejidos originales con los que se confeccionaban los quimonos. Basados en las habilidades y técnicas artísticas que han ido evolucionando a lo largo de los siglos, ofrecen una visión privilegiada de una manifestación artística única vigente aún en nuestros días.

日本語

着物のデザイン

日本の着物の歴史は7世紀にさかのぼる。着物は、T の形をしていて、一見シンプルだが、元々中国の高貴な人々が着ていた服に起源を発し、やがて日本の伝統着とみなされるデザインになった。

何世紀にもわたって、着物のテキスタイル・デザインには、日本文化の伝統と理想を表現するイメージとモチーフが使われてきた。着物の模様には、その着物を着る人の年齢、性別、富、趣味、徳や願望までが表れている。

着物には花や植物、鳥などの自然のモチーフが多く用いられ、それらには象徴的な意味がこめられていた。たとえば、竹は曲がっても折れないことから、力の象徴と考えられている。鶴は死のない世界に住むと考えられ、長寿と幸運の象徴とされた。

桜や菊、楓など四季の変化を表現した模様も多い。毎年最初に花をつける木として、梅も冬の着物の模様によく用いられてきた。それは春の到来がまもないことを意味する。

雲や雪、山などの景色は、神話や古典に基づいていた。小川や水の模様は、暑い季節に涼感を呼ぶという理由から、よく夏の着物に用いられた。

着物の色にも詩的かつ隠喩的な意味がこめられていた。伝統的な染料は薬効のある草木から作られた。薬効は布に伝わり、その着物を着た人を保護すると考えられていた。たとえば、青は、虫さされを治療するのに使われる藍から作られた色だったので、ヘビや昆虫から身を守ると信じられていた。

このギフトラッピングの本には着物の布地の模様を収録し、日本の芸術と文化の活力を証明している。何世紀にもわたって進化してきた装飾技術によって、今日でも残るユニークなアート・フォームを紹介する。

中文

和服设计

日式和服历史悠久，可以追溯到7世纪。这种简约的T字型服装源于中国贵族所穿的朝服，现在仍被视为日本的传统服装。

近几年来，和服面料设计艺术成为了展示图像与图形的舞台，传递日本文化传统与理念。图纹设计可以暗示出主人的年龄、性别、财富、品味，并展现他们的品德与愿望。

自然是和服设计灵感的宝贵源泉，花朵、植物和鸟都蕴含象征意义。例如，竹子弯而不折，是力量的象征。仙鹤被认为住在仙界，代表长寿与好运。

许多图案暗示着季节的变化，例如樱花、菊花和枫叶。每年树木即将开花的时候，冬季和服上常会出现梅花，以象征春天即将到来。

云、雪和山等风景图案也与流行的传说和经典文学相关。溪水图形常出现在夏装，以在炎炎夏日带来一丝清爽。

就连和服的颜色也带有诗意和比喻意义。传统染料都是从带有药用效果的植物中提取而成。人们相信这些药用效果能够带到面料之中，对穿着者起到保护作用。例如，槐蓝属植物能用于治疗蚊虫叮咬，因此从中提取的靛蓝染料就被认为能够趋避蛇和昆虫。从红花中提取的红色染料则被代表热情、短暂的爱，以及魅力与诱惑。

为了展现日本艺术与文化的活力，本册礼品包装包含了原创和服面料上的图纹设计。绘图所展现的装饰技术与技巧已有数世纪的发展演进，为我们带来当今依然风行的独特艺术形式。

Copyright © 2019 Pepin van Roojen

All rights reserved. No part of this book may be reproduced or transmitted in any form or by any means without permission in writing from The Pepin Press BV.

PEPIN®

Pepin® is a trademark of Pepin Holding BV

Published by
The Pepin Press BV
P.O. Box 10349
1001 EH Amsterdam, The Netherlands
mail@pepinpress.com

www.pepinpress.com

Creative Director / Series Editor
Pepin van Roojen

Image Enhancement
Jakob Hronek, Pepin van Roojen & Nina Zulian

Introduction
Antonia Edwards

ISBN 978 94 6009 110 0

This book is produced by The Pepin Press in Amsterdam and Singapore.